S. 127: reich Herrschaft während der draft riots...

reference: draft riots for back, Geo...

Gangst. lachend mit Fäch. hinterherlaufend, sich lustig machen

„there's a 300 $ man...

Rauch und Feuer: Fires, S. 48
S. 36,
„Sun and shadow" Bild 170

Lamppost: Gotham S. 83

draft riots, S. 15

reference Architektur: Gotham comes of Age, S. 80

back-

-ktur:

Frau und Männer im Back!

kleiner! H7 auf Huftköhe!

5th Avenue...

Schirmchen gegen Stiksschlag...

klein Horizont auf Crotchhöhe

→ Frac...
Seite 1
Gangs o...

Byron S.

WICKED
NEW YORK
Lieber Haydar,
~ & Egemen ~
jede große Weltreise
fängt mit einem ersten Schritt
an. Von Zeichnen und Malen
zu der Familie, die Musik
liebt…
Dein Felix
ephant

FELIX GEPHART

WICKED NEW YORK

EINE STADT IN AUFRUHR

VERLAGSHAUS JACOBY STUART

NEW YORK IM AUFRUHR

Wir befinden uns im New York der Mitte des 19. Jahrhunderts. Der Bürgerkrieg hat noch nicht begonnen, und die schnell wachsende Metropole wird immer mächtiger und wichtiger für das Land, für Produktion und Handel. Es ist eine Zeit großen Aufschwungs und bedrohlicher Unruhe: Spannungen zwischen Nord-und Südstaaten, Uneinigkeit bei der Frage der Sklaverei, Gräben zwischen Alteingesessenen und Zugewanderten, Korruption in allen Schichten der Gesellschaft. Wie eine Krankheit zehrt das Verbrechen an der Stadt. Hier zu leben bedeutet, in jedem Moment auf der Hut sein zu müssen. Einen Gentleman oder eine Lady kann man nicht mehr am eleganten Äußeren, an Manieren oder Ausdrucksweise erkennen. Auch staatliche und städtische Institutionen und deren Vertreter sind nur mit äußerster Vorsicht zu genießen.

Gangs und Politik

Der tolldreiste Straßenräuber, der gewandte Taschendieb, der nach einem ausgeklügelten Plan vorgehende Falschspieler, der „Con-Man“, der eine falsche Identität angenommen hat – sie alle wussten eins ebenso gut wie die bestechlichen Beamten und die Politiker, die in die eigene Tasche wirtschafteten: Kriminalität zahlte sich aus in New York. Und das blieb kein Staatsgeheimnis. Ganz im Gegenteil, Gangster pilgerten von überall her nach New York. Ihre Anzahl explodierte in den Jahren vor dem Bürgerkrieg.

Und dann war da die Gang, eine Institution, die zeitweilig und vielerorts die Rolle der Polizei übernahm. Da die Obrigkeit sich vornehmlich um Mittelstand oder Elite sorgte und sich nicht darum scherte, was die Armen sich gegenseitig antaten, konnte nur eine Gang Schutz bieten. Die *Bowery Boys* oder ihre Erzfeinde, die *Dead Rabbits*, *Forty Thieves*, *Plug Uglies* und *Chichesters* boten Immigranten Schutz, Anerkennung und ein Zuhause. Ganze Familien wurden zu Mitgliedern. Die Gangs hatten anschauliche Namen, zu denen es oft eine Geschichte gab. Um die *Dead Rabbits*, die sich vor allem aus verarmten katholischen Irisch-Amerikanern zusammensetzten, rankte sich die Legende, dass die Gang einst einen toten Hasen auf einer Speerspitze in einen Bandenkampf getragen und ihn zu Beginn der Keilerei ins Schlachtfeld geworfen hatte.

Die Gang verband sich oft mit einer politischen Kraft, zum Beispiel den Demokraten mit ihrer nach ihrem Versammlungsort benannten Parteimaschine *Tammany Hall*, die mit karitativen Maßnahmen, Geschenken und Bestechung Wählerstimmen eintrieb. Die Gang konnte aber auch mit der nationalistischen *Native American Party*, auch *Nativists* genannt, kooperieren. Den vielsagenden Spitznamen *Know Nothing Party* erhielt sie durch die Weigerung ihrer Mitglieder, ihre wahren Ziele öffentlich zu machen. „I know nothing", hatte ein prominentes Mitglied der ehemaligen Geheimgesellschaft auf die Frage nach diesen festgestellt.

Man kämpfte um Anerkennung, Respekt, Jobs, Sicherheit und um die Wahlurnen, und damit um öffentliche Gelder. Die Demokraten traten für die Immigranten ein und sahen sich als soziale Partei, waren aber gegen die Abschaffung der Sklaverei. So hatte der demokratische Senator John Crittenden aus Kentucky die Anhänger der 1854 gegründeten republikanischen Partei, die für die Befreiung der Sklaven eintraten, als Fanatiker bezeichnet, welche *denken, es sei ihre Pflicht ... den weißen Mann zu vernichten, damit der Schwarze frei sein könne*. Gangs und Politik nutzten die zwischen ihnen entstehenden Synergieeffekte. Eine Hand wusch die andere. Und während Gangster, die der Politik zuarbeiteten, durch politischen Schutz beinahe Immunität genossen, konnten Beamte genügend Bakschisch für eine frühzeitige und prächtige Pension zur Seite legen.

Wie eng die Politik mit der Welt der Gangs verwoben war, zeigt das Beispiel von Fernando Wood, der in den Jahren vor dem Bürgerkrieg als demokratischer Bürgermeister für seine Sympathien mit den Sklavenhaltern in den Südstaaten bekannt war. Er verteidigte die Sklaverei, wünschte sich die Abspaltung des Südens vom Norden und rechtfertigte sogar eine Waffenlieferung vom Norden in den Süden. Wood hatte eine Wein- und Spirituosenhandlung im Hafengebiet besessen und mit dem Süden gehandelt. Er setzte auf die Stimmen der Hafenarbeiter, die um ihre Jobs bangten, wenn der Handel mit dem Süden Schaden nehmen würde. Auch hatte Wood geerbt und sein Vermögen am Aktienmarkt vermehrt. Vom Spekulanten wurde er dann zum Politiker, der einen ruppigen klassenkämpferischen Ton vertrat. Sein Stadtrat bestand aus Handwerkern, Lebensmittelhändlern, Saloonbesitzern und Schnapshändlern. Wenn es gegen die *Nativists*,

die die neuen Immigranten nicht mochten, gegen Alkoholgegner und frühere Whigs – vorsichtig sklavereifeindliche Konservative – ging, die sich bald der republikanischen Partei anschlossen, ließ er keinen unlauteren Trick aus.

Wahlen verliefen in diesen Zeiten abenteuerlich. Das kleinste Straßenloch war Vorwand genug, zum Wahltag neue Arbeiter einzustellen. Prompt wählten sie dann ihren neuen Boss, den City Inspector, um am Tag nach der Wahl gefeuert zu werden. Mancher Parteigänger wählte vier oder fünf Mal mit unterschiedlichen Namen, mal mit, mal ohne Backenbart, mal in dieser, mal in jener Garderobe. Auch die Stimmauszählung ließ sich manipulieren. Die Wahlen waren damals nicht anonym, und jeder konnte sehen, wer da wen wählte. *Election sport* nannte man die handfesten Querelen und Handgemenge, die die Wahl begleiteten. Der Wähler schritt wohlweislich nicht in seiner besten Kleidung zur Urne, und ältere Semester taten gut daran, sich von den Urnen fernzuhalten, wenn sie nicht auf besonderen Schutz bauen konnten.

1855 stellte Wood sich zum zweiten Mal der Wahl zum Bürgermeister New Yorks. Er wusste sehr genau, wie in New York Wahlen gewonnen wurden. Wood war gewissenhaft und überließ nichts dem Zufall. Vor den Wahlen hatte er bereits dafür gesorgt, dass nur wenige Polizisten zur Bewachung der Urnen und des Wahlvorgangs vor Ort waren und abgezogen wurden, wenn seine Rempler auftauchten. Die Stadt war seinen Gangs, allerdings auch denen seiner Gegner, ausgeliefert: Die Kämpfe um die Urnen konnten beginnen.

Die *Bowery Boys* waren eine gefürchtete Gang, die aus der Bowery-Gegend in Downtown Manhattan stammte und sich für die Native American Party schlug. Sie waren damit Gegner von Woods Demokraten und errangen im dichtbesiedelten Süden von Manhattan am Wahltag mit einem Überraschungsangriff einen schnellen Erfolg. Dieser Sieg jedoch sollte nur von kurzer Dauer sein, denn aus den Absteigen und baufälligen Mietshäusern an dem ironischerweise *Paradise Square* genannten Platz strömte eine überwältigende Menge von *Dead Rabbits* und drängte ihre Erzfeinde, die *Bowery Boys*, zurück. Auch die mutigsten unter den meist schlecht bezahlten und nun in der Unterzahl befindlichen Ordnungshütern verloren angesichts der rabiaten Handgreiflichkeiten die Nerven. Die Polizei versteckte sich in einem *tenement*, einer heruntergekommenen Mietskaserne für Arme, aus deren Schutz sie die Szene draußen ängstlich beäugte und nur dann und wann einen verschämten Alibi-Schuss abgab. Messer, Äxte und Pistolen gewannen die Wahlen für Fernando Wood. Er blieb Bürgermeister, und zwar einer, der seinen Ruf als beinharter Machtmensch gefestigt hatte.

Kampf um die Polizeimacht: New York City Police Riots

Schon 1851 hatte das Journal of Commerce New Yorks kommunale Regierung *eine Uhr ohne Pendel, einen Bienenstock ohne Königin, ein Huhn mit abgeschlagenem Kopf* genannt. Und der Stadtrat der 1850er Jahre hatte sich den fragwürdigen Ehrentitel *The Forty Thieves* verdient.

Zwar stand es um die Legislative des Staates New York wohl nicht viel besser (der scharfsinnige Tagebuchautor George Templeton Strong nannte sie eine *gesetzgebende Kloake*), doch der Gouverneur musste verhindern, dass die Staatsgewalt in New York City zur Privatarmee des Bürgermeisters wurde.

Mit der Polizei war es unter Mayor Wood nicht gut bestellt. Er hatte in seiner ersten Amtszeit wie ein Law-and-Order-Mann agiert und Telegrafenmasten zwischen den Polizeistationen bauen lassen, die alle zum Polizeihauptquartier in der Mulberry Street führten.

Unsichtbar war aber für die meisten, wie sehr Wood die Polizei in eine Korruptionsmühle umgebaut hatte. Von den Männern, die Wood eingestellt hatte und die ihm treu ergeben waren, erwartete er entsprechende Unterstützungsbeiträge. Er setzte sogar das zuständige Aufsichtsgremium kurzerhand ab, ohne dafür auch nur im Geringsten befugt zu sein.

Der Staat New York beschloss nun, die Wood treu ergebene Stadtpolizei, die Municipal Police, aufzulösen. Sie sollte in der dem Staat New York unterstellten Metropolitan Police aufgehen.

Wood verbat sich diese Einmischung und bestand auf politischer Selbstverwaltung. Als einige der Municipals zu den Metropolitans überliefen, nominierte er einfach neue Männer, um die zu ersetzen, die aus seiner Sicht Fahnenflucht begangen hatten. Am 16. Juni 1857 kam es dann zum Eklat: Der neue von Gouverneur King ernannte Street Commissioner Daniel D. Conover schickte sich an, sein Büro zu beziehen. Das konnte Wood nicht dulden. Er wollte keine Einmischung und seinen Hofstaat selbst auswählen.

Was normalerweise eine reine Formalität gewesen wäre, wurde so zu einem Spektakel. Fernando Wood bestand auf seinem Mann,

Charles Devlin, als Polizeiverantwortlichem und wollte keinen vom Staat New York eingesetzten Mann akzeptieren. Woods Männer warfen Conover aus dem Gebäude. Sie verfuhren auch äußerst unsanft mit Captain Willing, der nun sein Glück versuchte und mit einem Haftbefehl gegen den störrischen Wood aufwartete. Willing versuchte den Bürgermeister, nachdem er ihn erfolglos aufgefordert hatte, mit ihm zu kommen, durch Schubsen und Zerren aus seinem Büro zu entfernen, doch da wurde Wood sehr laut. Und seine Schreie blieben nicht ungehört: Seine Municipals kamen ihm zu Hilfe und bugsierten den ungebetenen Gast zur Tür hinaus.

Das war jedoch noch nicht das Ende der Geschichte. Unter dem Kommando von Coroner Perry und Captain Jacob Sebring marschierten nun 50 Metropolitans stolzen Schrittes mit glitzernden Abzeichen, makellosen Mänteln und Zylindern durch die Chambers Street und den City Hall Park zum Rathaus, um Wood mit einem zweiten Haftbefehl endgültig zur Räson zu bringen.

Sie hatten nicht mit den 300 Municipals und Woods Schlägern gerechnet, die den Metropolitans einen Empfang der unangenehmen Art bereiteten. Seine Getreuen prügelten die Metropolitans über Stufen und Korridore, woraufhin diese in alle Himmelsrichtungen flohen. Wood hielt sich weiter in der City Hall verschanzt. Der Bürgermeister schimpfte angesichts der drohenden Auflösung seiner Municipals durch den Staat New York, dass es eine Art hatte. Es handele sich bei New York um eine *unterjochte Stadt ... im schwachen Zustand des Vasallentums*. Ein Zufall sollte den Metropolitans nun zur Hilfe kommen. Das 7. Regiment der Nationalgarde war zufällig zur Stelle und half ihnen. Sein Befehlshaber, General Sandford, begleitete die Soldaten mit ihren aufgepflanzten Bajonetten und marschierte in das Büro des Bürgermeisters. Als der verblüffte Fernando Wood diese Besucher sah und einen Blick aus dem Fenster wagte, gab er auf. Die City Hall war umstellt, und Wood folgte dem General.

Es war nur eine kurze Atempause für New York. Nur eine Stunde später war Mayor Woods Kaution gezahlt und dieser selbst bereits wieder auf freiem Fuß. Das war gar nicht so ungewöhnlich, da ja Richter und Staatsanwälte oft von den Politikern abhängig waren. Der *New York Herald* schrieb, *dass ein Mann schon ganz ohne Freunde und unglücklich sein muss, um seine Zeit in einem Gefängnis des Staates New York absitzen zu müssen*. Weder wurde Wood verurteilt noch musste er für den Schaden aufkommen. Er weigerte sich sogar erfolgreich, die 250 Dollar pro verletztem Polizisten zu zahlen, zu denen er verurteilt wurde. Das traf auch auf den Streifenpolizisten Crofot zu, der durch die Keilerei zum Invaliden geworden war. Es war die Stadt, die statt des Bürgermeisters für eine Episode zahlen musste,

die einem Buster-Keaton-Film alle Ehre machen würde. Auch nach diesem Ausgang war die Farce noch nicht vorbei. Trotz der Entscheidung des Supreme Court des Staates New York, dass die Polizei in New York City dem Staat unterstellt zu sein habe, und auch nachdem Wood die Municipals offiziell aufgelöst hatte, patrouillierten beide Einheiten weitere Wochen gleichzeitig durch die Stadt.

Es brauchte mehr als einen Gouverneur, eine neue Polizei und ein Regiment, um Wood in die Knie zu zwingen, so schien es. Einige einflussreiche Stadträte gehorchten ihm weiterhin und infiltrierten die Metropolitans. Nun gerieten die Streithähne innerhalb des Polizeiapparats beim geringsten Anlass aneinander. Ähnlich wie die rivalisierenden New Yorker Feuerwehreinheiten, die für die Versicherungssumme und die Ehre den Kampf mit ihren feuerlöschenden Rivalen aufnahmen und dabei auch schon einmal ein Gebäude abbrennen ließen. Diese Selbstzerfleischung hatte einen klaren Gewinner: die Unterwelt New Yorks. Sobald ein Municipal einen Verdächtigen ergriffen hatte, ließ ein Metropolitan ihn frei und umgekehrt. Die Polizisten warfen sich gegenseitig aus ihren Revieren. Das Leben eines *Bowery Boys* oder *Dead Rabbits* war noch nie derart entspannt gewesen: Sogar bei Tageslicht konnte man nun einen Bürger auf dem Broadway in aller Ruhe ausrauben.

Als Anfang Juli die Municipals endgültig aufgelöst wurden, kam es sogleich wieder zu Krawallen, diesmal in Kleindeutschland auf der Lower Eastside Manhattans, ein Protest gegen das Schließen von Saloons. *Ein Hagel von Backsteinen und Knüppeln flog umher*, berichtete die *New York Times* am 6. Juli 1857. Die *Dead Rabbits Riots* waren ausgebrochen.

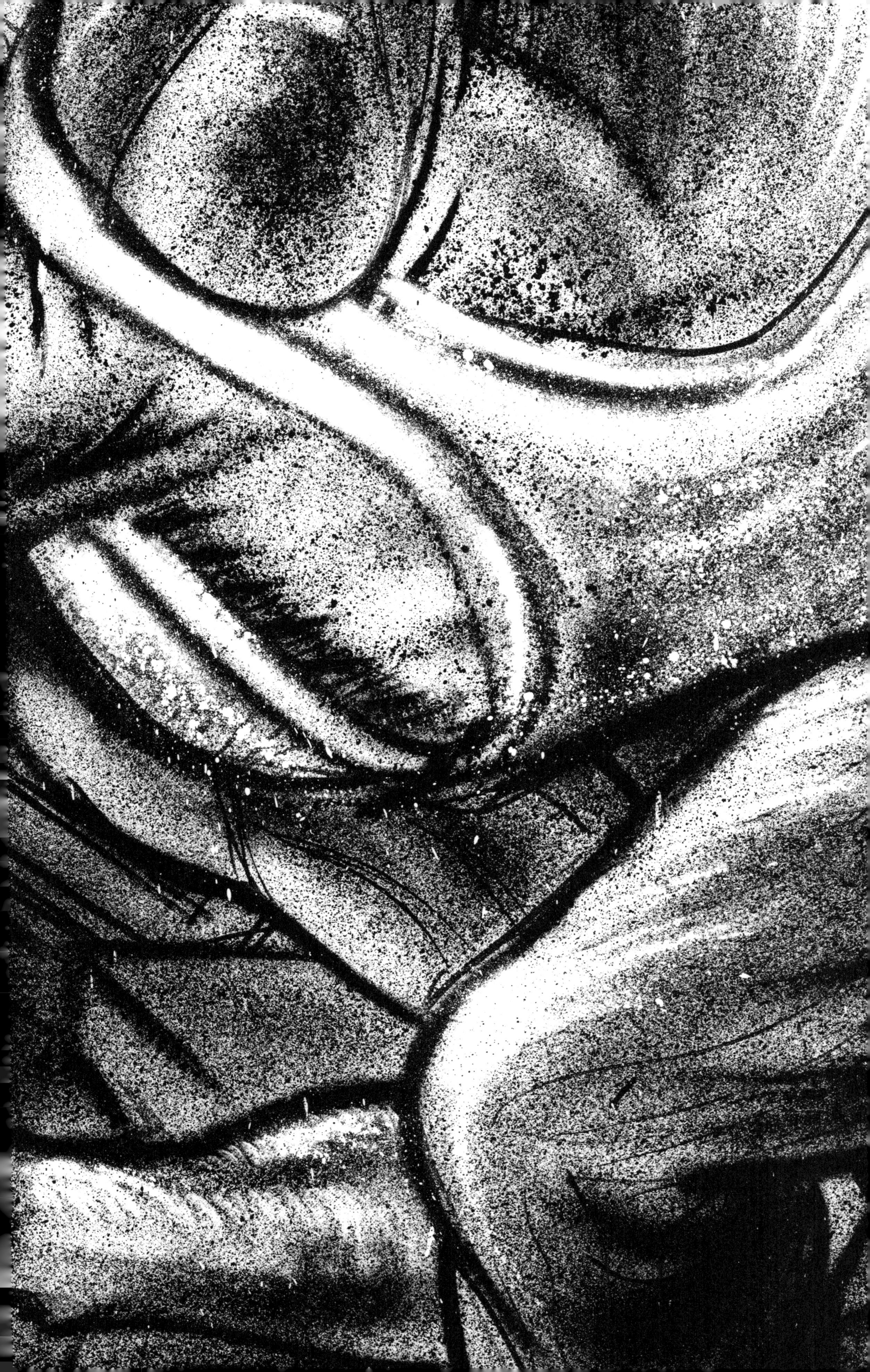

Die Dead Rabbit Riots

Die *Dead Rabbits* kamen aus den Five Points, dem berüchtigten Armenviertel auf verseuchtem und sumpfigem Boden im Süden Manhattans. Die Gang erreichte in der Mitte des 19. Jahrhunderts den Zenit ihrer Macht. Sie unterstützte *Tammany Hall,* die politische Maschine der demokratischen Partei. Ihre Gegner waren die *Bowery Boys*, welche mit der *Native American Party* zusammenarbeiteten.

Als die Polizei endlich erfasst hatte, welches Ausmaß die Kämpfe zwischen beiden Gruppierungen angenommen hatten, war es schon zu spät, der Straßenschlacht aus eigenen Kräften einen Riegel vorzuschieben. Vielleicht Tausend Mitglieder der Gangs aus den Five Points und aus der Bowery standen einander gegenüber. Die Gangster hatten Barrikaden auf den Straßen errichtet, malträtierten ihre Rivalen mit Schlagringen und bedachten Polizisten wie Gangrivalen mit Pflastersteinen von Hausdächern, was damals *Irish Confetti* hieß. Nicht, dass sich nicht auch deutsche Gangs mit derartigen Wurfübungen beschäftigten, doch die Iren waren die größte Gruppe von Neuankömmlingen. Geschenkt wurde niemandem etwas: Steinschleudern und Knüppel, Eisenstangen, Pistolen und Gewehre gehörten zum Arsenal.

Während der Kämpfe soll ein todesmutiger *Dead Rabbit* provokativ vor seiner Barrikade entlanggeschlendert sein, statt sich mit seinen Kameraden hinter Fässern und aufgetürmten Hölzern aller Art zu verschanzen. Zwischendurch hielt er inne, um einige sehr treffsichere Schüsse abzugeben. Zwei *Bowery Boys* hatte diese Episode bereits das Leben gekostet, zwei weitere waren verletzt. Der Meisterschütze fand seinen David jedoch in der Gestalt des jüngeren Bruders eines *Dead Rabbit*, der dem Auftritt des größenwahnsinnigen Goliath mit einem gut platzierten Steinwurf ein jähes Ende bereitete.

Hunderte Kriminelle, welche weder der Bowery noch den Five Points angehörten, hatten Wind von den *Dead Rabbit Riots* bekommen. Weniger kampferprobte Bewohner der Bowery und der Five Points taten nun gut daran, Reißaus zu nehmen. Diebe und Aufständische plünderten Geschäfte, zwangen Kutschen zu halten und erleichterten ihre Insassen um ihren Besitz. Die Polizei war derart überfordert, dass sie Captain Isaiah Rynders, Vorsteher des 6. Bezirks und

Anführer der Five-Point-Gangster, zu Hilfe rief. Doch auch das erwies sich als vergeblich. Die *Bowery Boys* stürzten sich auf Rynders, der nur ganz knapp von seinen Männern gerettet werden konnte. Seine Glaubwürdigkeit auf den Straßen New Yorks war danach nicht mehr dieselbe.

Der arg mitgenommene Rynders brachte gerade noch heraus, dass nichts anderes den Aufstand beenden könne als das Militär. Commissioner Draper von den Metropolitans nahm diesen Rat an. Als es Nacht wurde, drängte das 8. und 71. Regiment der Nationalgarde des Staates New York mit massiver Polizeiunterstützung die Streithähne zurück in ihre Behausungen. Die *Dead Rabbit Riots* waren vorüber. Jedoch waren sie nur ein kleiner Vorgeschmack auf das, was in naher Zukunft folgen sollte: die *Draft Riots*, die Aushebungskrawalle als Folge der Wehrpflicht – der bis heute größte zivile Aufstand in der Geschichte der Vereinigten Staaten.

Rassismus und allgemeine Wehrpflicht

Um die Aushebungskrawalle zu verstehen, muss man sich die soziale Situation der Einwanderer vorstellen. Versammlungen, Demonstrationen und Revolten, ob sie sich nun gegen Iren, Briten, Deutsche oder Afroamerikaner richteten, waren Routine in New York. Wann immer eine neue verarmte Gruppe in der Hoffnung auf ein besseres Leben in New York landete, empfing sie heftiger Gegenwind. Alteingesessene und immer wieder neue Einwanderergenerationen kämpften um Arbeit, einen Platz zum Wohnen und um Respekt, einen Platz in der Gesellschaft. Für die Neueingewanderten bedeutete dies nach einer langen und entbehrungsreichen Reise, dass sie von denen, die sich schon ein wenig angekommen fühlten und als *Natives* begriffen, nicht selten mit Pflastersteinen begrüßt wurden.

Was folgte, war ein Leben in dreckigen, dunklen und stickigen Mietshäusern, die so verrottet waren, dass sie schon vom Anschauen zusammenbrachen. Baracken, die im kontaminierten Boden versanken und die man sich trotzdem erst einmal leisten können musste. Dafür brauchte man Arbeit. Die Arbeitsbedingungen waren unmenschlich: Vierzehn unterbezahlte Stunden pro Tag waren in New York für viele die Normalität. Ein soziales Netz, das vor dem freien Fall in die Obdachlosigkeit, in Alkoholismus oder sich schnell verbreitende tödliche Krankheiten bewahrte, existierte nicht. Die Empathie der Mittel- und Oberklasse der New Yorker Gesellschaft für die

Armen war, gelinde gesagt, begrenzt. Als Farbiger oder ungelernter Ire oder Deutscher hatte man es schwer, einen Job zu finden.

Gerade die neu angekommenen katholischen Iren, die soeben noch dem Hungertod in ihrem Heimatland von der Schippe gesprungen und mit großen Hoffnungen und Träumen ausgewandert waren, erlebten nun erneut bitteres Elend.

In den Five Points oder dem Mulberry District zerplatzten ihre Träume von einer besseren Zukunft. Hier herrschte Not, die Kindersterblichkeit war hoch, Krankheiten und Seuchen fanden einen reichen Nährboden. Es waren die schlimmsten Slums, die das Land zu bieten hatte. Sie stellten im internationalen Vergleich in Sachen Armut und Bevölkerungsdichte sogar noch das Londoner East End und chinesische Städte in den Schatten.

In einem Anzeigentext der *New York Times*, die damals republikanisch war, hieß es: *Engländer, Schotten, Waliser, Deutsche und andere Nationalitäten oder Hautfarben willkommen, jedoch keine Iren.* Es war diese Art von Willkommenskultur, die das Fass zum Überlaufen bringen sollte.

Irische Immigranten meldeten sich freiwillig für den Kriegsdienst. Doch ihr Ansehen war gering, und das Militär stand im Verdacht, Iren als Kanonenfutter ganz vorne an der Front einzusetzen. Während des Kriegs der nördlichen Union gegen die Sklavenhalterstaaten des Südens breiteten sich unter den ärmsten Weißen mehr als in allen anderen Gesellschaftsschichten Fantasien von weißer Überlegenheit aus. Dabei wurden die irischen Slumbewohner sogar als „von innen nach außen gewendete Nigger“ beschimpft, so wie Schwarze als „geräucherte Iren“ verhöhnt wurden. Perfide war, dass Schwarze seit dem Frühling 1833 immer wieder als Streikbrecher gegen Hafenarbeiter eingesetzt wurden. Irische Handwerker und Arbeiter formten daraufhin Gewerkschaften, zu denen Schwarze keinen Zugang hatten, und proklamierten wie andere Einwanderergruppen auch ihr „Whites only“. So wurden die Ärmsten gegeneinander ausgespielt. Es sollte noch lange dauern, bis auch die Gewerkschaften begriffen, wie wichtig es war, ihre Kräfte unabhängig von Herkunft und Hautfarbe zu bündeln.

Eine weitere Ursache für Neid und Missgunst war die Tatsache, dass Schwarze zwar in eigenen Einheiten für die Union kämpften, aber nicht wehrpflichtig waren, da sie nicht als reguläre Bürger betrachtet wurden.

Der Rassismus hatte in New York alte, kräftige und tief sitzende Wurzeln. Am Rande der Gesellschaft stehende Weiße brauchten Schwarze, um sich ihrer vermeintlichen Überlegenheit erfreuen zu

BLACKFACES: PERFECTLY NA
CAKEWA
THE MUTUAL
SUPREMACY

LAZY AND SUPERSTITIOUS
A!!
K SHOW

können. Die armen Weißen amüsierten sich in den „Minstrel Shows“, in denen sich weiße Musiker, die sich ihr Gesicht schwarz gemalt hatten, über Schwarze lustig machten. Auch die Presse machte die Ambitionen Schwarzer auf gleiche Rechte, Bildung, Arbeit und Wahlrecht lächerlich, und pseudowissenschaftliche Vorträge über die weiße Überlegenheit fielen ebenfalls auf fruchtbaren Boden.

Weiße amüsierte sich über herablassende Porträts Schwarzer. Zu Schadenfreude paarte sich Furcht: Hatten Zeitungen nicht vor gemischten Partnerschaften und Ehen gewarnt? In Indiana ließen Demokraten junge Mädchen mit Bannern Parade laufen, auf denen die dringende Bitte zu lesen war: „Väter, schützt uns vor Nigger-Ehemännern!“ Würden nun befreite Sklaven aus dem Süden kommen und für noch geringere Löhne arbeiten? Nicht nur die Politik wusste da zu polarisieren. Auch der oberste Bundesrichter Roger Taney deklarierte, Schwarze hätten *kein Recht, das ein Weißer anerkennen muss.*

Offizieller Auslöser der Aufstände vom Sommer 1863 war die landesweite Einführung der Wehrpflicht, eine äußerst unbeliebte Maßnahme. Nach zwei Jahren Kämpfen verfügte der Norden nicht mehr wie bei Kriegsbeginn über genügend Freiwillige. Anfangs hatte der Krieg Abenteuer, Anerkennung, ja sogar Ehre versprochen, doch nun konnte niemand mehr die zurückgekehrten menschlichen Wracks in den Straßen der Städte übersehen. Die Begeisterung für den Krieg war verflogen.

Nun war nicht nur die Wehrpflicht eingeführt, sondern diese wie bei einem Raubüberfall mit der Frage „Geld oder Leben“ gekoppelt worden. Mit anderen Worten: Wer zahlen konnte, durfte zu Hause bleiben. Das schien gänzlich unamerikanisch, mehr wie der Stil einer Autokratie als der eines demokratischen Landes. 300 Dollar als Preis für ein Menschenleben ... das war mehr als der Jahreslohn eines gelernten Arbeiters. Für die meisten Männer also vollkommen unerreichbar.

Wohlhabende Angehörige der New Yorker Elite, oft Republikaner, verlangten die Wehrpflicht und den Kampf für die Union. Sie selbst mussten ihr Leben ja nicht riskieren. Die Reichen und Mächtigen konnten mit den Schultern zucken; und genau das taten sie, wenn mittellose Iren und Schwarze in den Mietshäusern verreckten, die die Spekulanten verkommen ließen, um Kosten zu sparen.

Der Bürgerkrieg war nicht nur unpopulär geworden, er tobte auch in den Zeitungen und im Parlament. Der demokratische Bürgermeister Fernando Wood zum Beispiel schien mehr Verständnis für den Süden als den Norden zu haben. New York verschiffte mit der Baumwolle die Produkte von Sklavenarbeit und wollte auch gerne weiter davon profitieren. Die demokratische *Tammany-Hall*-Organi-

sation, für viele bettelarme Iren ein Hoffnungsschimmer, sympathisierte mit dem Süden. Der Ruf nach Loslösung von Lincolns Union wurde laut. Die Stadt war gespalten: Republikaner und Demokraten standen sich unversöhnlich gegenüber.

Und nun die Einführung der allgemeinen Wehrpflicht. Ein Funke genügte, damit es zur Explosion kam. Und die richtete ein verheerendes Chaos an. Die historischen Quellen enthüllen eine unglaubliche Szenenfolge.

Die Draft Riots

Am Sonntag, den 12. Juli 1863 standen in den Zeitungen ellenlange Listen von Männern, die eingezogen werden sollten. Statt in der Kirche niederzuknien und ihr Schicksal einer höheren Macht zu überlassen, blieben viele New Yorker zu Hause und studierten Namenskolonnen, die nichts Gutes verhießen.

Im Sommer breitete sich in den Mietshäusern eine besonders stickige Hitze aus. Die Woche sollte die heißeste des Jahres werden. In dieser Nacht tauschten viele die ungesunde Luft ihrer Unterkunft gegen die einer Kneipe in ihrer Nachbarschaft. Man trank und redete, bis der Morgen graute. Das Fazit war klar: Es war der Krieg der Reichen, den die Armen auszufechten hatten. „A rich man's war and a poor man's fight."

Es brodelte an allen Ecken. New York war nur schwach verteidigt. Die Kämpfe in Gettysburg waren vorüber, die südlichen Truppen unter General Lee ein angeschlagener Gegner, der aber noch immer Washington oder New York angreifen konnte.

Nur 2000 Polizisten und ein Regiment des Invalidenkorps, verkrüppelte Männer, die die Kämpfe des Bürgerkriegs so gerade eben überlebt hatten, sollten die Metropole schützen. Ob sie dazu imstande sein würden, war die große Frage. Polizei und Politik sollten sich noch die Haare darüber raufen, dass sie keine militärische Unterstützung dort hatten, wo sie an den folgenden Tagen am dringendsten gebraucht wurde: in New York selbst, das seinen eigenen Bürgerkrieg erlebte.

Am folgenden Montag stachelten kämpferische Reden schon am frühen Morgen eine beachtliche Menge am Central Park auf. Empörte Immigranten aus Europa, viele Iren darunter, trugen *No Draft*-Plakate, während die Parade der Massen von dem Klang aufeinanderschlagender Töpfe orchestriert wurde.

Um 5 Uhr morgens war man bereits auf den Beinen zum Klassenkampf. Als die Mittelschicht und die Elite in Ruhe ihr Frühstück zu sich nahm, probte man woanders bereits die Revolte.

Das Instrument der Wehrpflicht war die Lostrommel in den Rekrutierungsbüros, auch „Unglücksrad" – *wheel of misfortune* – genannt. Gerüchte erreichten die Menge, denen zufolge die ersten Namen wohlhabender New Yorker, die aus der Lostrommel gezogen worden waren, auf der Stelle ungültig gemacht worden seien. Die Ansammlung derer, die damit gar nicht einverstanden war, wuchs mit jeder Minute.

Um 9 Uhr morgens marschierten immer noch wachsende Menschenmengen durch die Stadt, zum Teil wohl betrunken. Mancher mochte seinen Ohren nicht trauen. Waren es wirklich bereits 5000? Polizei-Superintendent Kennedy wollte mehr wissen und näherte sich der Menge, in Zivil und in Verkennung der Lage nur mit einem leichten Bambusstock ausgestattet. Plötzlich schrie jemand: „Da ist der Hurensohn Kennedy! Macht ihn fertig!!“ Ein ehemaliger Polizist hatte Kennedy erkannt. Angesichts all der Hiebe, Tritte und Stiche, denen er nun ausgesetzt war, erscheint es wie ein Wunder, dass er überlebte. Von den Revoltierenden für tot gehalten, erreichte Kennedy, in einem Wagen unter Säcken versteckt, das Hauptquartier der Polizei. Ein Arzt attestierte ihm anschließend 72 Prellungen und 20 Messerschnitte.

Die Horden von Revoltierenden wurden mit jeder Minute mutiger und entschlossener. Sie schwärmten aus in die Fabriken, die Läden, die Hafenanlagen. Wer nicht freiwillig die Arbeit stehen ließ und sich der Menge anschloss, wurde mit Drohungen und Schlägen dazu gezwungen.

Als eine Menschenmasse von nunmehr 15000 Protestierenden das Rekrutierungsbüro an der 36th Street erreicht hatte, war die Stimmung gereizt. Der Name des Anführers der Feuerwehreinheit *Black Joke*, Peter Masterson, war bereits am Samstag gezogen worden. Feuerwehreinheiten waren in der Regel von militärischen Einsätzen ausgenommen. Deshalb nahmen Mastersons Leute seine Einberufung nicht hin und zeigten sich bereit zu kämpfen. Ein Pistolenschuss war noch nicht verhallt, als bereits die Scheiben des Rekrutierungsbüros unter Pflastersteinen zerbarsten. Die kampferprobten, behelmten und uniformierten Männer des *Black Joke* drangen in das Gebäude ein, verprügelten die Angestellten und demolierten das „Unglücksrad“. Währenddessen skandierte der Mob sein „Nieder mit den Reichen!“ – *Down with the rich!* –. Der *Black Joke* verlor keine Zeit, das Gebäude abzufackeln statt zu löschen. Die gerade mal 50 Soldaten und Polizisten waren nicht in der Lage, Widerstand zu leisten. Einige wurden von der Horde zu Tode getrampelt. Kurz danach stand bereits der gesamte Block in Flammen.

Während der nächsten Tage waren manche Feuerwehreinheiten unberechenbarer als je zuvor – die einen setzten Gebäude in Brand

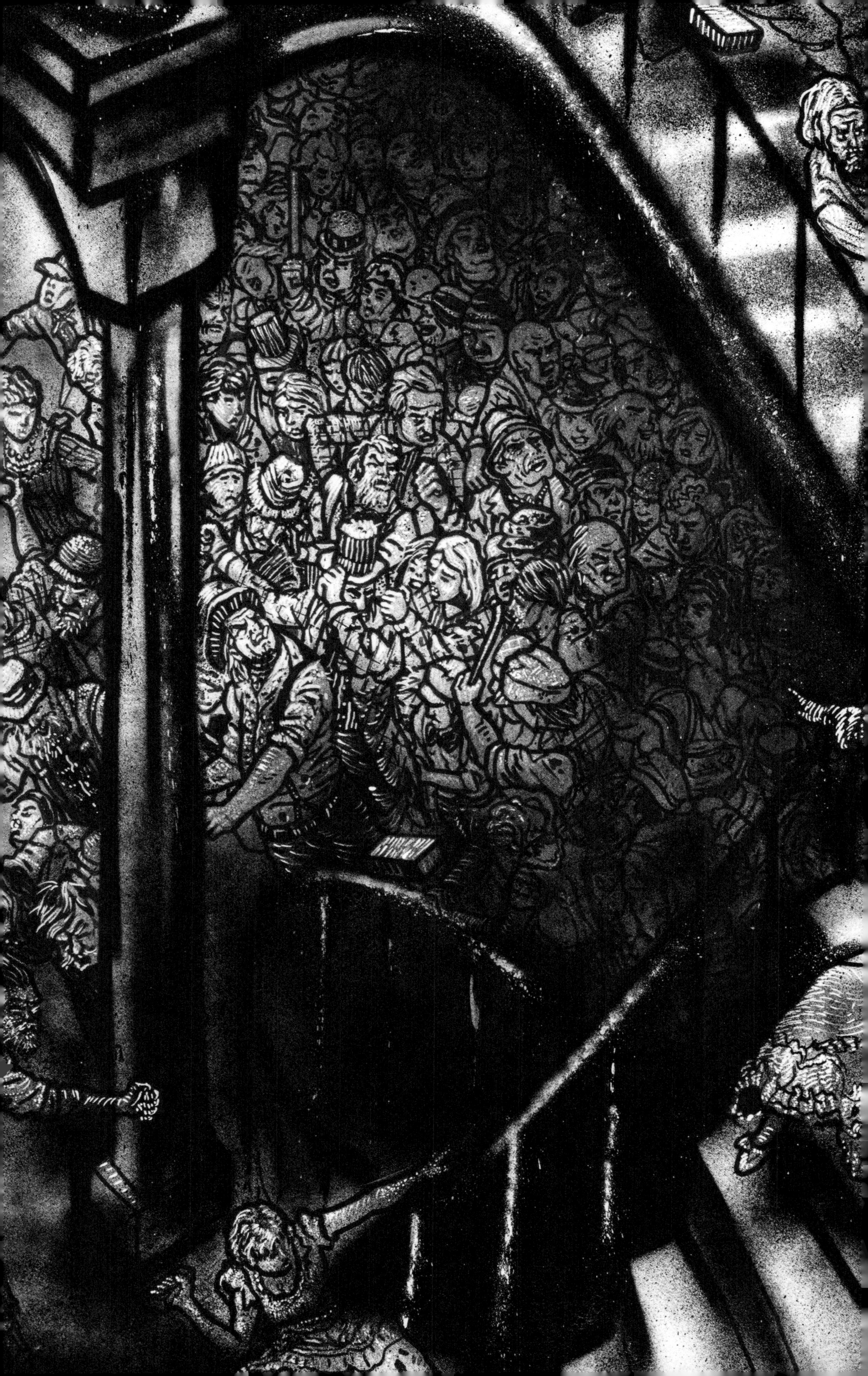

und marodierten, andere löschten sie. Der *Black Joke* bereute sein Tun noch am selben Tag und tat anschließend sein Bestes, New York während der Aufstände vor den Flammen zu retten.

Um 11:30 Uhr war die Wehrpflicht bereits offiziell vorübergehend ausgesetzt. Jetzt ging es Schlag auf Schlag. Die 45th Street stand in Flammen. Männer, Frauen und Kinder plünderten nach Belieben die Residenzen auf der Lexington Avenue. Ein ganzer Block auf dem Broadway zwischen der 28th und 29th Street wurde geplündert und niedergebrannt. Die Revoltierenden brandschatzten nach Belieben in den Straßen Manhattans.

Vereinzelt gab es bemerkenswerte Fälle von Zivilcourage. Der kräftige und vom Schnaps rot angelaufene Anführer eines Mobs vor dem St. Luke's Hospital drohte, das Krankenhaus mit seinen verletzten Soldaten niederzubrennen. „Kommt raus ... oder wir verbrennen euch in euren Betten!" Das Hospital hatte soeben einen angeschossenen Rebellen aufgenommen. Da fasste sich Reverend Dr. William Muehlenberg ein Herz und stellte sich der Menge. Laut fragte er, ob sie noch immer mit „Feuer und Sturm" drohe. „Lang lebe St. Luke's!", war die Antwort wie aus einer Kehle, und von nun an verteidigte eine Gruppe das Hospital gegen Übergriffe, wie sie sie kurz zuvor beinahe selbst verübt hätte.

Um 12:30 Uhr, also nur eine Stunde später, riss eine Gruppe Aufständischer die Eisenbahnschienen der New-Haven- und Harlem-Eisenbahn in der Fifth Avenue aus dem Boden. Teile der Schienen dienten später noch als tödliche Waffen. Obwohl viele der Aktionen spontan wirkten, waren sie selten beliebig. Katholische Iren, oft bettelarm, zündeten protestantische Kirchen an. Häuser von Republikanern, Sklavereigegnern und Schwarzen wurden zur Zielscheibe des Zorns. Kinder markierten die Häuser unliebsamer New Yorker durch Steinwürfe in die Fenster, worauf die Erwachsenen die Häuser plünderten und anzündeten. Die Kommunikation fiel Militär und Ordnungshütern umso schwerer, als die Aufständischen eine Indianertaktik des Westens anwendeten und einen Telegrafenmast nach dem anderen fällten. Sie setzten sogar ganze Telegrafenbüros in Brand, um die Kommunikation von Polizei und Militär zu unterbinden. Während der Krawalle mussten die, die die Telegrafenleitungen reparierten, immer wieder aufs Neue ihr Leben riskieren. Als Aufständische getarnt brauchten diese Männer Mut und Behändigkeit, und nach getaner Arbeit suchten sie schnellstmöglich das Weite. Die Polizei hatte auch einige Scouts unter die Aufständischen geschmuggelt, um frühzeitig Wind von neuen Angriffen zu bekommen.

Schon die Menge der Protestierenden und Revoltierenden war einschüchternd. Männer, Frauen und Kinder säumten und verstopften New Yorks Straßen und sogar die Häuserdächer, so weit das Auge reichte. Der Sohn des Präsidenten des Columbia College beobachtete, dass die riesige Menschenmenge, welche die 47th Street von Bordstein zu Bordstein füllte, an die 25 Minuten brauchte, um eine Stelle zu passieren. Und die Revoltierenden kamen nicht mit leeren Händen: Backsteine, Mistgabeln, Totschläger, Steinschleudern, Messer, Äxte, Pistolen und Gewehre waren zu sehen. Wer zum Teufel waren all diese Leute? Die Gangs, wie sie später Herbert Asbury, Autor des Buchs *Gangs of New York* beschrieb? Oder ein harter Kern der Ärmsten der Stadt und jede Menge Gaffer? Diese Arbeiter-, Wehrpflicht- und Rassenunruhen waren von keiner homogenen Gruppe getragen. Es gab Schaulustige, Betrunkene und Gewaltbereite, und nur manche waren straff organisiert. Der Schriftsteller James Parton kam eher durch einen Zufall ungeschoren davon und gab hinterher zu, dass diese Leute ihm vollkommen fremd gewesen seien. Zuvor hatte er gemeint, alle in New York lebenden Milieus zu kennen. Wahrscheinlich war er nicht oft Gast in einer der heruntergekommenen Absteigen der Stadt gewesen, die nur von der untersten Klasse besucht wurden. Und wahrscheinlich kannte er auch nicht die Gangs, die sich aus den überbevölkerten und vernachlässigten Slums rekrutierten.

„Wegen der Nigger wird Krieg geführt, und wir werden ihnen eine Abreibung verpassen", schrie ein wütender Aufrührer einem Reporter zu. Am Nachmittag zeichnete sich bereits ab, dass die Schwarzen New Yorks mit dem Schlimmsten rechnen mussten. In den Five Points und an anderen Ecken der Stadt brannten Mietskasernen, und wenn ein Afroamerikaner seine Furcht überwand und sich aus seinem Versteck auf die Straße wagte, drohte ihm Gefahr. Sein Anblick löste *ein Jagdgeschrei aus, als ob ein Fuchs aus der Deckung preschte, und schon nahm ein halbes Dutzend Männer die Verfolgung auf*, bemerkte ein Journalist.

Die randalierenden New Yorker hielten sich offensichtlich an denen schadlos, die noch schlechter dran waren als sie selbst. Nach unten zu treten war einfacher, als sich gegen die zu wehren, die weiter oben waren. Der Mob kämpfte sich seinen Weg in den Gramercy Park und zerschlug dort eine Wohnung nach der anderen. Doch auf die Wall Street drang er nicht vor. Bankangestellte warteten dort mit siedendem Öl auf diejenigen, die es wagen würden, sich New Yorks bestverteidigtem Ort zu nähern. In der Nähe stationierte Kanonenboote warteten nur auf ihr Signal. Obwohl die Polizei hoffnungslos unterbesetzt war und während der Straßenkämpfe entwaffnet und besiegt wurde, erwies sich die Wall Street als uneinnehmbare Festung. Be-

reits auf dem Broadway standen dem Mob 200 Polizisten gegenüber, die ein weiteres Vordringen unmöglich machten. Leichter war es, einzelne Mitbürger anzugreifen. Jemand schrie aus Leibeskräften: „Da ist ein 300-Dollar-Mann!“, und schon begann die Jagd.

Um 14:30 Uhr umzingelten 500 Randalierer das Colored Orphanage, das Waisenhaus für Farbige in der Fifth Avenue zwischen 42nd und 43rd Street. Was als Klassenkampf auf New Yorks Straßen begonnen hatte, war zu einem rassistischen Pogrom gegen die Schwarzen New Yorks geworden. Auch die offensichtliche Unschuld und Schutzbedürftigkeit von Kindern hielt den Mob nicht zurück. Durch die verschlossene Tür konnten die 200 verängstigten Kinder bereits das dumpfe „Zündet das Niggernest an“ von draußen hören. William E. Davis, der Superintendent der Polizei, und seine Männer schafften es jedoch, die Kinder, die trotz der Bedrohung gefasst blieben, durch eine Hintertür ins Freie zu bringen.

Entgegen dem Klischee, dass alle Iren zu den Übeltätern gehörten, war es ein beherzter Ire, der die Aufmerksamkeit der Menge von dem Hinterausgang auf sich zog, sodass die Kinder passieren konnten. Und natürlich befanden sich viele Iren auch in den Rängen von Polizei und Militär.

Die älteren Kinder trugen die Jüngeren auf ihren Rücken, während die Flammen schon am Waisenhaus züngelten. Die Kinder waren keinen Moment zu früh entkommen, denn schon gab die Vordertür den Hieben einer Axt nach, und der Mob drängte die Stufen empor. Kopflose Plünderer stahlen Kinderkleidung und wertlosen Plunder, während Trunkenbolde in blinder Zerstörungswut die Einrichtung mit Macheten und Äxten zerlegten. Nach nur 20 Minuten war das Waisenhaus dem Erdboden gleichgemacht. Das Feuer griff auf die beiden angrenzenden Gebäude über. Feuerwehrmänner, die trotz der zahlenmäßigen Überlegenheit des Mobs versuchten, den Brand zu löschen, wurden zurückgedrängt. Polizei und Soldaten gelang es unterdessen, fast alle Kinder unversehrt durch die Metropole zu schleusen, wobei sie den aufgebrachten Mob mit aufgepflanztem Bajonett zurückhalten mussten. Nachdem sie den East River erreicht hatten, wurden die Kinder zum sicheren Long Island hinübergebracht.

Schwarze waren von nun an bis zum Ende der Krawalle grausamen Übergriffen ausgesetzt. Immer wieder wurden sie gejagt, gemartert, geprügelt, erschossen, gelyncht. Manche der Täter tanzten um ihre Opfer herum – ein Rückfall in archaische Machtrituale, die zumindest hier im Norden, wo die Sklaverei seit den 1820er Jahren abgeschafft war, eigentlich der Vergangenheit angehörten. Schutzsuchende farbige Männer, Frauen und Kinder drängten sich nun in den Polizeistationen. Polizeipräsident Acton telegrafierte aus dem Hauptquartier in der Mulberry Street an alle Polizeistationen New Yorks, so überfüllt sie auch waren: *Nehmt Farbige so lange auf, wie ihr nur könnt. Weist niemanden zurück!*

Und Schwarze hatten allen Grund, Schutz zu suchen. Jede Einrichtung, die im Verdacht stand, dass Schwarze in ihr verkehrten, wurde zum Ziel erklärt. Ob es sich um Bars oder Pensionen, Mietshäuser, Tanzsaloons oder karitative Einrichtungen handelte, machte dabei keinen Unterschied. Manche derer, die als Schwarzenfreunde ausgemacht worden waren, konnten ihre Haut nur retten, indem sie Lokalrunden schmissen oder eine kämpferische Rede gegen die Wehrpflicht hielten.

Flüchtende New Yorker verstopften Bahnstationen und Piers und kämpften unerbittlich um einen Platz in einem der überfrachteten Boote oder Bahnwaggons. Ob jemand wirklich davonkam, war ungewiss, denn die Aufständischen behinderten Kutschen und Straßenwagen, unterbrachen jeden öffentlichen Verkehr und warfen auch schon einmal eine Kutsche um, nachdem sie deren Insassen ausgeraubt hatten.

Um 15:45 Uhr nahm sich eine Menge von Aufständischen die staatliche Waffenkammer, die *State Armory*, an der Ecke Second Avenue und 21st Street und eine Munitionsfabrik einen Block weiter vor. Nicht etwa, dass die Aufständischen zuvor unbewaffnet gewesen wären. Aus Waffengeschäften hatten sie bereits einige hundert Pistolen zusammengerafft. Die Polizei tat ihr Bestes, die Waffenkammer zu verbarrikadieren, aber die Übermacht des Mobs war erdrückend. 10 000 aufgebrachte Menschen schleuderten Steine und schossen, wann immer sich der Kopf eines Polizisten zeigte. Noch blieben die Tore der *State Armory* verschlossen. Ein Knall, dann ein weiterer. Nach vergeblichen Versuchen rammte die Menge ganze Baumstämme gegen die verschlossenen Tore, sodass das gesamte Gebäude erbebte.

Um 16 Uhr telegrafierte das 18. Polizeirevier: *Es ist uns unmöglich, die Waffenkammer an der Second Avenue und 1st Street zu schützen.* Im letzten Moment quetschten sich die Polizisten durch ein Loch auf der Rückseite des belagerten Gebäudes, während die Sieger in Scharen hineinströmten. Sie erbeuteten 8000 Karabiner und Munition. Ein bisschen zu siegesgewiss verbarrikadierten sich einige der Eroberer in dem Gebäude. Kurz darauf kehrte die Polizei mit Verstärkung zurück und knüppelte munter auf die Menge ein, die vor dem Waffenlager wartete. Nicht ahnend, dass zahlreiche ihrer eigenen Männer noch immer im Inneren des Gebäudes waren, setzten es einige Revoltierende in Brand, um die Polizei daran zu hindern, es einzunehmen. Nun brach innen Panik aus. Einige Männer sprangen aus den Fenstern in die Tiefe, andere, die durch die Ausgänge davonkommen wollten, wurden von den dort auf sie wartenden Polizisten mit Prügeln in Empfang genommen.

Trotz dieses vorübergehenden Erfolges wurden die Ordnungshüter der wachsenden und zeitgleich an vielen Orten erfolgenden Übergriffe nicht Herr. Wo sollten Polizei und Soldaten eingreifen, wie viele Leute konnten rechtzeitig an einem Ort zusammengezogen werden, wo ließ man den Dingen notgedrungen ihren Lauf? Thomas C. Acton behielt einen kühlen Kopf. Er hatte das Kommando über Manhattans Polizei übernommen, nachdem Superintendent Kennedy außer Gefecht gesetzt worden war. Nicht ein einziges Mal zwischen Montag und Donnerstag gönnte sich der pflichtbewusste Acton eine Ruhepause; er beantwortete in dieser Zeit nicht weniger als 4000 Telegramme.

Während der Kampf um die Waffenkammer noch tobte, hatten Hunderte von Aufrührern bereits die Menschenjagd auf Schwarze in der Baxter Street eröffnet. Gleichzeitig erhielt die Polizei die Nachricht, dass 300 weitere Männer dazu gezwungen worden waren, sich dem Mob anzuschließen. Häuser in der Lexington Avenue wurden durch Frauen und Kinder geplündert, während Gruppen von Langfingern Juweliergeschäfte auf dem Broadway ausraubten.

Die Presse sollte es als Nächstes treffen. Die republikanischen Zeitungen wie die *Tribune* und die *New York Times* schrieben gegen Sklaverei und die Aufstände an. Aus diesem Grund waren sie ein Dorn im Auge vieler Aufständischer. Eine beachtliche Menschenmenge machte sich deshalb zur Zeitungsmeile auf, die sich gegenüber der City Hall befand. Die *New York Times* präsentierte sich freilich gerüstet und bedrohte den Mob vom Dach aus mit einigen „Gatling Guns“ – Vorläufern schwerer Maschinengewehre. Eine davon wurde vom Besitzer und Herausgeber der *Times*, Henry Raymond, selbst kommandiert. Er wird glücklich gewesen sein, dass diese Drohgebärde ausreichend war, den Mob zu entmutigen.

Doch am Park und am Printing House Square zog neues Unheil auf. Die republikanische *New York Daily Tribune* vertrat einen noch radikaleren Standpunkt gegen die Sklaverei und die Demokraten als die *Times* und eignete sich deshalb besser als Zielscheibe. Eine gewaltige, mehrere tausend Mann starke Menge wälzte sich nun auf das Gebäude der *Tribune* zu, angeführt von einem Mann mit gewaltiger Statur, der eine amerikanische Fahne trug. Man sang sich in

Stimmung mit ein paar schlichten Zeilen, gerichtet an den Herausgeber der *Tribune*, Horace Greeley:

We'll hang old Greeley to a sour apple tree,
We'll hang old Greeley to a sour apple tree,
We'll hang old Greeley to a sour apple tree,
And send him straight to Hell!

Greeley wird natürlich unbehaglich zumute gewesen sein, aber er zeigte sich unbeeindruckt und wies mehrfach seine Leute an, sich nicht mit Waffen auszustatten. Einmal verließ er während der Belagerung das Gebäude und bahnte sich seinen Weg mitten durch den Mob. Es war ein Wunder, dass er nicht erkannt wurde. Niemand hatte Greeley zurückhalten können, denn er war entschieden der Ansicht: „Wenn ich mein Abendessen nicht einnehmen kann, wenn ich hungrig bin, hat mein Leben keinen Wert für mich".

Am Abend drangen nun 300 Männer durch den Eingang ins Gebäude der *Tribune*. Ihre militärische Disziplin und ihr einheitlicher Dresscode ließen darauf schließen, dass es sich um eine der New Yorker Gangs handelte. Trotzdem konnte auch dieser Angriff aufgehalten werden. Für den ganz großen Angriff wäre die *Tribune* jedoch nicht gewappnet gewesen: Zwar wurden gegen den Willen Greeleys in dem Gebäude demonstrativ Waffen gestapelt, ein ganzes Arsenal, allerdings passte die verfügbare Munition nicht dazu. Die *Tribune* behielt dieses kleine Geheimnis für sich, und die Aufständischen bekamen wohl auch keinen Wind davon. So kam die *Tribune* noch einmal davon.

Die *New York World* hatte die Aufständischen zunächst damit geehrt, dass sie sie „The People" und „The Laboring Men of the City" nannte. Angesichts des Ausmaßes der Zerstörung tendierte sie jetzt aber zur Position der republikanischen *New York Times*. Die *Times* plädierte für eine Null-Toleranz- Politik gegenüber den Aufrührern und fasste dies in die kurze und griffige Formel: *Schießt mit Schrot auf sie, und zwar mit viel!*

Im Hauptquartier der Polizei in der Mulberry Street sah man das nicht viel anders. Inspector Daniel C. Carpenter brachte es kurz und knackig auf den Punkt: „Wir werden einen Mob niederschlagen, und wir werden keine Gefangenen machen". Indessen bewegten sich die Revoltierenden bereits auf das Polizeigebäude zu, ihr Schreien, Stampfen, Singen und Trommeln war schon vernehmbar. Polizeispione warnten davor, dass der Angriff auf das Hauptquartier und auf den Finanzdistrikt bevorstand.

New-York
Times.

NO DRAFT

Als es dann zur Konfrontation kam, schoss das Invalidenregiment, das der Polizei zur Hilfe gekommen war, in die Menge, und die wütenden Polizisten schlugen mit ihren Knüppeln wahllos zu. Tote und Verwundete säumten nun die Straße. Erst in der Dunkelheit der Nacht trauten sich die Aufständischen, Verletzte und Tote zu bergen.

Um 23 Uhr lag eine düstere Wolke bedrohlich über der Stadt. In der Nacht nach diesem heißen und schwülen Montag brach ein Gewitter los. Der starke Regen, der nun herunterprasselte, war möglicherweise der Grund dafür, dass New York in dieser Nacht nicht zu großen Teilen abbrannte. Um diese Zeit war bereits Verstärkung für die Ordnungskräfte im Anmarsch: 2000 Soldaten inklusive einiger Haubitzen. Freiwillige begannen, sich zu melden. Noch bis Mitternacht dauerten die letzten Straßenkämpfe an.

Der Dienstag begann mit dem Mord an zwei schwarzen New Yorkern. In der Frühe hatten die Revoltierenden bereits Barrikaden aus geplünderten Möbeln, Telegrafenmasten, Kästen, Wägen, Fässern und Müll aufgetürmt. Überall auf den Hausdächern beobachteten Scouts der Aufständischen, was auf den Straßen vor sich ging. Wenn die Polizei sich blicken ließ, empfingen sie sie mit Backsteinbrocken und Pflastersteinen.

Die demokratischen Parteiführer, die angesichts der Aufstände in einer Mittlerrolle waren und den schwierigen Spagat versuchten, ihre Wähler nicht zu vergrätzen und gleichzeitig die Gewalt einzudämmen, wirkten wenig glaubwürdig.

Die *World* verteidigte den Aufstand sogar und goss weiter Öl ins Feuer: *Sie (die arbeitende Klasse) glaubt, dass keine Macht, militärisch oder bürgerlich, in der Lage sein wird, die ungeliebte Maßnahme durchsetzen zu können.*

Und auch eine rhetorische Frage wie die folgende war nicht geeignet, die Unruhen zu beenden: *Werden die Wahnsinnigen in Washington nun endlich auf uns hören?*

Demokratische Pamphlete und Redner hatten Republikaner oft genug beschuldigt, für sie sei „ein Neger besser als ein Ire“. Und nun zogen 5000 siegestrunkene Rowdies durch die Straßen und trieben Afroamerikaner und gemischte Paare auf die Straße, um sie dort zu verprügeln oder zu lynchen. Es kam zu den grausamsten Exzessen. Ein Mob drängte einen 22 Jahre alten körperlich behinderten schwarzen Kutscher aus seiner Pension, um ihn zu quälen, grausam zu verstümmeln und schließlich zu hängen. Wo Schwarze sich blicken ließen, wurden sie oft auch zu den Docks gejagt, wo sie sich durch einen Sprung ins Wasser retteten oder, wenn sie nicht schwimmen konnten, ertranken. Aufrührer durchsuchten Häuser nach Polizei, Soldaten, Schwarzen und Republikanern. Manche wurden zu Tode getrampelt, andere an Laternenpfählen gehängt und schließlich verbrannt. Herman Melville widmete den Aufständischen in seinem Gedicht *Das Hausdach (The House Top)* die Zeile: „Die Ratten übernehmen die Stadt."

Eine Übermacht von 10000 Plünderern fiel über Häuser auf der Second Avenue und 32nd Street her, die sie anschließend in Brand steckten. 300 Polizisten und Soldaten unter dem Kommando von Colonel Henry O'Brien hatten das zweifelhafte Vergnügen, diese Massen in Schach zu halten. Nach Warnrufen schossen die Männer auf O'Briens Befehl über die Köpfe der Aufständischen hinweg, was fatal war. Die Aufrührer selbst wurden nicht getroffen, stattdessen aber sieben Leute einschließlich zweier Kinder, die aus den Fenstern zugeschaut hatten. Das letzte Wort war in dieser Angelegenheit noch nicht gesprochen. Der Colonel hatte die Aufständischen wüst beschimpft – und er war Ire, wie auch die Menschen, auf die er hatte schießen lassen.

Um 14 Uhr am Nachmittag war er so unvorsichtig, ohne Begleitung in sein Viertel zurückzukehren, wohl um seine Familie aufzusuchen. Er wusste nicht, dass diese schon nach Brooklyn geflohen und sein Haus geplündert war. Den Steinwurf einer Frau beantwortete der Colonel mit einem Schuss, als er aus einer Apotheke kam. Er zielte tief, vielleicht in der Absicht, einen Warnschuss abzugeben. Die Kugel prallte vom Boden ab und traf die Frau ins Knie. *Sie fiel sofort, und von diesem Moment an war des Colonels Schicksal besiegelt*, schrieb die *Tribune*. Der Apotheker wollte ihm helfen, als Dank dafür wurde sein Laden geplündert. Auch Pater Clowry und ein weiterer katholischer Priester konnten nichts mehr ausrichten und dem stundenlangen Martyrium des Colonels keinen Einhalt gebieten. Es war einer von vielen Morden, die an diesem Tag geschahen.

Eine Anzahl Aufständischer verschanzte sich in den Union Steam Works und bewaffnete sich mit Gewehren, die sie dort erbeutete. Francis Cusick, der schon am Vortag Superintendent Kennedy niedergeschlagen hatte, war mit von der Partie. Vor den Steam Works kämpften 1000 Rebellierende gegen die Polizei, die keilförmig angriff, Männer zu Boden schlug und Waffen zurückeroberte. Der Mob wurde von einem riesigen einarmigen Mann und einem Aufständischen unscheinbarer Statur angeführt. Beide kamen in den harten Kämpfen um die Union Steam Works um, die alle anderen Kämpfe der Woche in den Schatten stellten. Die Leiche des unscheinbaren Anführers wurde von einem Eisengeländer gezogen, auf das er aufgespießt war. Ein Offizier bemerkte dabei, dass seine Gesichtszüge

und seine Statur kaum zu körperlicher Arbeit passten. Er hatte sich offenbar mit einem dreckigen Overall und Shirt getarnt, um seine Identität zu verbergen. *Darunter waren feine Kaschmirhosen, eine schöne, kostbare Weste und ein edles Leinenhemd*, schrieb ein Chronist. Der Mann wurde nie identifiziert. Der Legende nach wurde er in Paradise Square unter einem Five-Points-Mietshaus begraben. Noch einige weitere Männer wurden in den Reihen der Aufrührer gesehen, die besser gekleidet waren als die übrigen und diese anstachelten. Es ist nicht ganz von der Hand zu weisen, dass sie Agenten der Südstaaten waren, denen Aufstände im Norden sehr gelegen kamen. Die *World* bemerkte stets ein oder zwei besser gekleidete Rebellen in jeder Gruppe, die den anderen einheizten, jedoch ihrer Herde nicht folgten, wenn dann der Angriff begann.

Nachdem die Straße frei von Aufständischen war, kämpften sich die Männer von Inspektor George Dilks bis in das zweite Stockwerk vor. Viele Aufständische waren verletzt oder kamen um, nachdem sie aus den Fenstern gesprungen waren. Nur mit Pistolenschüssen konnte sich die Polizei der Frauen erwehren, die ohne Unterlass kräftig fluchend die Polizei mit Pflastersteinen bewarfen. Die *World* gab zu Protokoll: *Die Frauen offenbarten mehr Schneid und Courage als die Männer und blieben auch dann standhaft, als ihnen durch die Wachmänner befohlen wurde, die Versammlung aufzulösen.*

Um 14 Uhr hatte George Dilks mit seinen 200 Metropolitans die Steam Works endgültig zurückerobert.

Die über tausend Wein-und Spirituosenhandlungen der Stadt waren die einzigen Geschäfte, die in den ersten Tagen der Krawalle den Mut hatten, ihre Pforten geöffnet zu halten. Meist bezahlte der Mob offenbar seinen Alkohol. Alle anderen Läden und Büros der Stadt waren geschlossen und sicherheitshalber verbarrikadiert. Ein Mob, der für seine Spirituosen bezahlt, scheint sich mit den Schankwirten gut zu verstehen. Ausnahmen bestätigten aber auch hier die Regel: Als der Besitzer eines Saloons in der West 42nd Street sich partout weigerte, Alkohol jeder Art auszuschenken, brannte der Mob den Saloon nieder.

Zwischen 20 und 21 Uhr sollte es Brooks Brothers erwischen. Die Firma war als Herrenausstatter betuchter Amerikaner bekannt. Aber sie zahlte ihren Näherinnen klägliche Löhne und galt neuerdings auch aus einem anderen Grund als schäbig. Das Unternehmen hatte dem Militär, ohne dafür bestraft worden zu sein, minderwertige Uniformen und Stiefel untergejubelt, die nach einem scharfen

Marsch auch ohne Fremdeinwirkung den Geist aufgaben. Dadurch war die Firma zum Symbol für Korruption und Kriegsgewinnlertum geworden.

Plünderer stopften nun ihre Taschen mit Halstüchern, Hemden und Socken voll, tauschten eigene Kleidung gegen Anzüge von Brooks Brothers und warfen Kleidungsstücke aus den Fenstern. Allerdings hatte die Polizei durch ihre Spione schon früh von dem beabsichtigten Angriff erfahren und drang in das Brooks-Brothers-Gebäude in der Catherine Street – heute Madison Avenue und 44th Street – ein, während die Plünderer sich noch einkleideten. Bald schon prügelte die Polizei sie durch alle Etagen des Gebäudes.

Der Aufstand hatte längst überregionale Bedeutung. Der Ärger über die Wehrpflicht erstreckte sich weit über New York hinaus. Nun blickte das ganze Land auf die Stadt und wurde von den Ereignissen in Atem gehalten. Die politische Klasse im Norden hoffte, dass in New York ein Exempel statuiert würde. Schließlich war das nicht die einzige Stadt, in der die Wehrpflicht auf Widerstand stieß. In New York musste der Aufstand besiegt werden, wenn sich nicht neue Aufstände wie ein Zündfeuer im Norden ausbreiten sollten.

In Detroit befürchtete man Unruhen wie die in New York. Ein District Provost Marshal aus Detroit telegrafierte, dass der Ärger über die Wehrpflicht *sich durch den erfolgreichen Widerstand in New York in einem alarmierenden Maße gesteigert und das Aussetzen der Wehrpflicht erzwungen hatte. Ein Funken hier könnte alles zur Explosion bringen und zu gewalttätigsten Handlungen führen.* Ein Telegramm von Lincolns Kriegsminister Edwin M. Stanton gibt den Befürchtungen in jenen Tagen Ausdruck, als es Aufstände auch in Harrisburg, Philadelphia und anderen Orten in Pennsylvania gab: *Die Durchsetzung der Wehrpflicht in diesem Land hängt von ihrer Durchsetzung in New York City ab. Wenn der dortige Aufstand erfolgreich ist, kann die Wehrpflicht nirgendwo sonst durchgesetzt werden. Um Gottes Willen, lasst keine Kompromisse oder halbgare Maßnahmen zu!*

Allerdings sollte sich das Kampfgeschick nicht so schnell zugunsten der Ordnungskräfte New Yorks wenden. Der durch militärische Unterstützung ermutigte Bürgermeister kündigte etwas vorschnell an, dass nun die Geschäfte und der öffentliche Verkehr ihre Arbeit wieder aufnehmen sollten.

Der Morgen des Mittwochs graute noch nicht, da hatte der Mob den Kampf wieder aufgenommen. Um 9 Uhr wurden unter dem Jubel von 5000 Menschen drei farbige New Yorker in der 22nd

Street und 8th Avenue, in der Nähe der Pennsylvania Station, an Laternenpfählen gehängt. Colonel Mott und seine Soldaten drängten anschließend den Mob zurück, und der Colonel selbst schnitt mit seinem Säbel einen der Ermordeten von seinem Seil ab. Einen Aufständischen, der ihn von seinem Pferd zu ziehen versuchte, traf ebenfalls der Säbel des Colonels. Die Revoltierenden brauchten allerdings nicht lange, um sich zu fassen, eröffneten das Feuer aus Musketen und Pistolen und schütteten ganze Ladungen Backsteine über Soldaten und Freiwillige. Die Artillerie schoss sechs Salven in die Menge, nachdem Vorwarnungen auf nichts als Spott gestoßen waren. Die Menge löste sich auf, erschien jedoch eine halbe Stunde später wieder, um den Verletzten aus den eigenen Reihen zu helfen. Sie hängte dann auch gleich die Leiche wieder an den Laternenpfahl. Für Motivation hatten auch die Morgenzeitungen gesorgt: Durch sie wurde ein Urteil des Richters John H. McCunn bekannt, eines notorischen *Tammany-Hall*-Parteigängers, nach dem die Wehrpflicht verfassungswidrig sei, was die Aufständischen weiter ermunterte.

An diesem Mittwoch sollte besonders eifrig geplündert werden. Der Aufstand wurde mehr und mehr zu einem Territorialkrieg und einer Orgie des Plünderns. Die *Times* merkte an, dass *das ganze Ding, wenn es sich so fortsetzt, eher ein gigantischer Mob von Plünderern ist, mit nicht mehr Bezug zur Wehrpflicht als zum Koran.*

Gegen 18 Uhr am Abend dieses Mittwochs erlitten New Yorks Ordnungshüter den größten Rückschlag des Tages. In der First Avenue zwischen 18th und 19th Street brachten 200 Freiwillige und 50 Soldaten unter Colonel Cleveland Winslow zwei Haubitzen gegen einen Mob in Stellung. Die Aufständischen dachten aber gar nicht daran, den Rückzug anzutreten. Sie verschanzten sich in den Häusern auf beiden Straßenseiten, und Scharfschützen begannen durch die Fenster und von den Dächern das Militär ins Visier zu nehmen. Mit jedem getroffenen Soldaten wurden die Revoltierenden mutiger. *Gangs of New York*-Autor Herbert Asbury schreibt, dass ein dreister Aufständischer die Mitte der Straße betrat, während die Haubitzen geladen wurden, und dort in Seelenruhe seinen Arm mit einer Pistole auf der Schulter eines ebenso unbeeindruckten Mitstreiters aufstützte. Er zielte und traf Colonel Jardin ins Bein. Nach dreißig Minuten war die Hälfte derer, die New York vom Mob befreien wollten, entweder verwundet oder tot.

Sobald sich Soldaten und Freiwillige zurückzogen, schwärmten die Angreifer aus. Den Ordnungskräften blieb jetzt nur noch, Hals über Kopf die Flucht anzutreten, ohne die eigenen Leute bergen zu können. Dies war der letzte nennenswerte Erfolg des Mobs.

Um 22 Uhr kamen dann sonnenverbrannte und müde Soldaten aus der Schlacht von Gettysburg mit der Fähre an. Gerade in dem Moment also, als Polizei und Milizen erschöpft waren, kam die Hilfe des Militärs mit einigen tausend Soldaten.

Am folgenden Tag wurde mit denen, die den Aufstand weiter fortführen wollten, kurzer Prozess gemacht. Kampfformen, die im Bürgerkrieg angewendet worden waren, wurden nun auch auf den Straßen New Yorks erprobt. Viele der Soldaten kamen aus New York und Umgebung. Sie waren oft irischer oder deutscher Abstammung. Würden sie wirklich auf die rebellierenden Immigranten, die ja ihre Landsmänner waren, schießen? Sie taten es. Alle Zweifel an der Loyalität der Truppen dem amerikanischen Staat gegenüber erwiesen sich als unberechtigt. Die Kämpfe waren beinahe vorüber. Dem Grollen, Krachen und Schreien des Aufstands wich eine unwirkliche Stille, die nur zuweilen durch einen Schuss zerrissen wurde. Polizei und Soldaten kämpften sich durch die Häuser und Baracken und nahmen die, die sich ergaben, gefangen und erschossen jene, welche sich noch immer nicht geschlagen geben wollten. Die Kämpfe waren vorbei.

Bis dahin hatte Thomas Acton, der Polizeipräsident, pausenlos gearbeitet, ohne zu schlafen oder seine Kleidung zu wechseln.

Am Freitag um zwei Uhr morgens schlief er zum ersten Mal seit vier Tagen.

In den darauffolgenden Wochen sollten beeindruckende Mengen von gestohlenem Mobiliar, Juwelen und Gemälden zurück ans Licht kommen. Mieter der Häuser, in denen diese Dinge gefunden worden waren, gaben an, nichts von der Herkunft der Schätze in ihren Kellern und auf ihren Dachböden zu wissen. So fand sich Colonel Nugents Ehrensäbel, Montagnacht aus seiner Wohnung gestohlen, in den Händen eines kleinen Jungen in der East Side wieder, die Klinge abgebrochen und die Juwelen entfernt.

Die Folgen

Waren die Aufstände, wie der Dichter Walt Whitman es ausdrückte, das Werk des Teufels? Wie dem auch sei, die Wunden der Stadt lagen offen. Die Menschenverluste vergleicht Herbert Asbury mit denen in den Schlachten des Bürgerkriegs: 2000 Tote und 8000 Verwundete schätzt er. Vorsichtigere Schätzungen gehen von 119 Umgekommenen aus. Die Wahrheit wird wohl dazwischen liegen, aber sie wird nie zutage kommen. Zudem waren hundert Gebäude abgebrannt, und groß waren die Schäden durch Plünderung und Diebstahl.

Was aber waren die Folgen der bürgerkriegsähnlichen Unruhen? Einige Rebellen wurden gefangen genommen, nur um schnell wieder freigelassen zu werden. Politische Kräfte, deren Muskel auf der Straße nun einmal die Gangs waren, konnten es sich nicht leisten, ihre Armeen durch Inhaftierungen zu verlieren. Noch nicht einmal so eklatantes Unrecht wie der Angriff auf die Kinder des Colored Orphan Asylum wurde auch nur ansatzweise geahndet. Vielleicht fürchteten die mit der Strafverfolgung Betrauten auch den Aufstieg der Schwarzen durch Bildung und ahndeten deshalb auch nie das Verbrennen der Bücher des Waisenhauses – dieses symbolische Vorgehen gegen ihre Emanzipation.

Trotz aller Lippenbekenntnisse hatten Schwarze in New York auch nach den *Draft Riots* keinen Grund, ihre Lage verbessert zu sehen. Es war kein neuer Geist in New York eingezogen. Die winzigen Entschädigungszahlungen waren ein Schlag ins Gesicht der Opfer. Außerdem zeigte sich, dass Besitz in den Augen der Justiz einen höheren Wert hatte als schwarze Menschenleben. Adrian Cook berichtet in seinem Buch *Armies of the Street*, dass John Conway und Michael Dyle einen Hut gestohlen hatten, der drei Dollar kostete, und deshalb zu 15 Jahren State Prison verurteilt wurden. John Hagan und Patrick Sherron wurden zehn Jahre State Prison für den Diebstahl einer Fünfzig-Dollar-Uhr aufgebrummt. Nur ein einziger von denen, die Schwarze angegriffen und ermordet hatten, bekam eine verhältnismäßig harte Strafe: Joseph Marshall ging für zehn Jahre ins State Prison. Dass er sein Opfer auch ausraubte, mag zur Strenge der Strafe beigetragen haben.

Viele Mörder wurden nie verurteilt. Der Staatsanwalt hatte nach den ersten Dutzend Fällen wohl das Interesse verloren, die Dinge weiterzuverfolgen, berichtet Adrian Cook.

Ein Exodus farbiger New Yorker war die Folge. Manche setzten ihre Füße nie mehr auf New Yorker Boden. Denn hier herrschten auch weiter die Demokraten, und die machten sich nur so lange stark für unterprivilegierte Immigranten, wie sie weiß waren. Hier konnte eine Zeitung wie die demokratische *World* behaupten, sie wisse gar nichts vom Ku Klux Klan, dem rassistischen Geheimbund, der von einem Konföderierten gegründet worden war.

Auch die Situation der Arbeiter wurde nicht wesentlich verbessert, und die zögerliche Art der Regierung, gegenüber dem Süden und seinen Parteigängern mit Samthandschuhen zu agieren, führte zu weiteren Benachteiligungen der schwarzen Bevölkerung.

Das letzte Viertel des 19. Jahrhunderts war geprägt von den gewalttätigsten Zusammenstößen in der Geschichte der amerikanischen Arbeiterproteste. Innerhalb von 25 Jahren musste die National Guard über einhundert Mal ausrücken. Nicht so sehr um das bedrohte Leben von Afroamerikanern zu schützen, sondern vor allem um der Mittel- und Oberklasse zu einem ruhigen Schlaf zu verhelfen. Gegen streikende Arbeiter erschien der Einsatz des Militärs als probates Mittel.

Ein paar Dinge wurden aber besser nach den Aufständen. Eine Reaktion auf die Aushebungskrawalle war die Aufstockung der Polizei sowie die Etablierung einer professionellen Feuerwehr. Die bisherigen Feuerwehreinheiten, von denen eine, der *Black Joke*, die Krawalle eingeläutet hatte, waren vor allem für die wüsten Kämpfe bekannt, die sie sich gegenseitig lieferten. Der *Black Joke* hatte zeitweise zwei Haubitzen vor seinem Gebäude postiert, um gegen Übergriffe der Konkurrenz gewappnet zu sein. Drei Jahre sollten nach den Aushebungskrawallen vergehen, bis 1866 mit dem Metropolitan Board of Health in New York die erste Gesundheitsbehörde für die gesamten USA ins Leben gerufen wurde. Ärzte schwärmten aus, um die für viele New Yorker elenden Lebensverhältnisse unter die Lupe zu nehmen.

1877 fotografierte der Polizeifotograf Jacob Riis das Elend der New Yorker Straßen und Mietshäuser, und die Bilder kamen, vor allem durch Riis' Buchveröffentlichung *How the Other Half lives* (*Wie die andere Hälfte lebt*) in Umlauf. Die offensichtliche Kluft zwischen arm und reich wurde zum Skandal.

Riis' Bildern aus der Tiefe der unbeleuchteten Mietskasernen verdanken wir einen großen Teil unserer Kenntnisse darüber, wie es in den Elendsquartieren von New York damals ausgesehen hat. Sie entstanden mittels einer frühen Variante der Blitzlichtfotografie, die nicht ungefährlich für Fotograf wie Hausbewohner war. Als Riis einmal glaubte, mit seinem Blitz einen Brand ausgelöst zu haben, wurde er von einem Polizisten beruhigt: Das Haus, in dem Riis fotografieren wollte, sei so verschlammt, dass es unmöglich sei, es abzubrennen.

Auch Jacob Riis' Freundschaft mit Teddy Roosevelt regte soziale Reformen an. So verabschiedete die Stadt 1879 eine Verordnung, der zufolge Fenster in Mietshäusern zum Mindeststandard gehörten. Unterprivilegierte New Yorker, die *„Dangerous classes“*, wie der Sozialreformer und Philanthrop Charles Loring Brace sie nannte, waren zu zahlreich und inzwischen auch zu politisiert, als dass man sie weiter hätte ignorieren können. Sie waren nicht die andere Hälfte der Stadt, sondern vermutlich eher die Zweidrittelmehrheit.

Das Jahr 1863 wird immer mit den Aushebungskrawallen verbunden sein, es stand aber auch am Beginn beispielloser Karrieren: zum Beispiel der des eleganten wie unterhaltsamen Bürgermeisters A. Oakie Hall, der der Stadt 1869–72 vorstand. Er verstand es zumindest rhetorisch, die gebeutelten Armen aufzurichten und mit Stil zu glänzen, daher der Spitzname „Elegant Oakey Hall“.

Noch eindrucksvoller war die Karriere des Demokraten William Tweed, der sich 1863 an die Spitze von *Tammany Hall* hievte. Während der Krawalle hatte er sich nicht wie andere verkrochen, sondern war auf den Straßen unterwegs und hatte vermittelt. Der mächtigste Politiker der Stadt, der seinerzeit aus seiner Feuerwehreinheit geflogen war, weil er seine Männer mit Äxten bewaffnet hatte, damit sie im Kampf mit konkurrierenden Einheiten nicht ins Hintertreffen gerieten, hatte *Street Credibility*. Tweed, auch physisch ein Schwergewicht, wachte über seine deutschen und irischen Wähler. Er nahm ihnen die Furcht vor der Wehrpflicht, indem er ein besonderes Förderprogramm auskungelte, durch das die öffentliche Hand für den Freikauf der Wehrpflichtigen aufkam und die 300 Dollar für sie berappte.

Wahrscheinlich sind nach den Krawallen nur wenige der aufständischen New Yorker wirklich eingezogen worden. Die Five Points, der schlimmste Slum New Yorks, entsandte nur einen einzigen Mann: einen 27-jährigen Arbeiter namens Hugh Boyle. Während viele Wehrpflichtige der Five Points sich erst gar nicht zur Musterung blicken ließen, einen Ersatzmann schickten oder eine Ausnahmeregelung erreichten, diente Boyle tatsächlich fünf Monate, bevor er dann mit seinem Pistolenhalfter samt Remington-Revolver das Weite suchte.

Als Tweeds eigener Name aus der Lostrommel gezogen wurde, war das Gelächter groß ... so etwas zahlte der Boss mit links, auch ohne Missgunst zu erzeugen.

Später hatte Tweed noch weitere bedeutende öffentliche Ämter inne und machte sich um die Stadt verdient, was jedoch nicht ganz selbstlos war und oft auf recht undurchsichtigen Wegen geschah.

Als Verantwortlicher für die öffentlichen Arbeiten (*Commissioner of Public Works*) setzte er ungeniert auf Finanzierung durch Schulden und realisierte ambitionierte Bauprojekte wie den City Hall Park, um Jobs und Geld in die Stadt zu bringen und seine Spießgesellen aus allerhand Töpfen zu bedienen. Straßen, Kanalisation und Transportmittel: Eine neue Infrastruktur entstand für Wirtschaft und Elite. Politiker machten Entwickler, Investoren und Grundbesitzer mit großen Aufträgen glücklich, und gleichzeitig entstanden Jobs.

Tweed stürzte schließlich über seine zahlreichen Korruptionsskandale, doch der *Tammany-Hall*-Filz behielt in der Stadt das Sagen. Die Republikaner hatten ebenfalls ihre politischen Netzwerke, die *Tammany Hall* glichen, und wussten ebenfalls, wie man eine Wahl manipuliert. Trotzdem lief die republikanische Maschine in New York nicht so geschmiert wie die von *Tammany Hall*. Mancher Republikaner hätte die Wahlen am liebsten an den Grad des Wohlstands des Wählers gekoppelt. *Tammany Hall* aber machte sich mit seiner einwandererfreundlichen Politik dort beliebt, wo sich die alten Eliten naserümpfend zurückgezogen hatten. Die Demokraten vermittelten ihren Anhängern Jobs, schenkten Suppe aus und unterstützten die Armen auch sonst. Und durch die Parteiorganisation gewannen nach den Aushebungskrawallen gerade irische Immigranten eine laute Stimme in New York. Aber das ist eine andere Geschichte.

Interview mit Felix Gephart

Felix, die Bilder in diesem Buch sind schon sehr groß und stecken voller Details, die man erst nach und nach entdeckt. Wie groß sind eigentlich die Originale?

Die Originale sind 200 x 145 cm groß. Das war für mich angesichts der Technik das kleinstmögliche Maß, da ich das meiste mit der Sprühdose gemalt habe. Es ist aber auch ein sehr schönes Gefühl, auf großem Format und mit dem Kontrast von freier Fläche und konzentriertem Detail zu arbeiten. Das geht wahrscheinlich auf großen Formaten besser als auf kleinen.

Was genau ist die Technik, mit der du arbeitest?

Ich arbeite an den meisten Stellen mit der Sprühdose – nicht mit Airbrush, und ohne Schablonen oder ähnliche Hilfsmittel. Die ganz kleinen Details male ich mit Acryl. Die Sprühdose ist ein unglaublich vielseitiges Medium. Der Lack trocknet schnell, eine Farbschicht überdeckt sehr gut eine andere, große Flächen und Übergänge lassen sich zügig anlegen und beim Arbeiten an Feinheiten gibt es noch immer eine gewisse Kontrolle. Man arbeitet aus dem ganzen Körper, nicht nur aus dem Arm oder Handgelenk und kann auf diese Art und Weise verblüffend dynamische Linien ziehen. Es gibt auch ein gewisses Element der Unberechenbarkeit und Zufälligkeit, wogegen ich manchmal ankämpfe, das aber auch schöne, unvorhergesehene Ergebnisse herbeiführen kann. Ich mag es beispielsweise, Graustufen ohne die Farbe grau, nur mit einem feinen, schwarzen, lasierenden Sprühnebel anzulegen. Die leichten Unregelmäßigkeiten, die dabei entstehen, machen das Bild lebendiger und organischer.

Was sind die besonderen Anforderungen und Schwierigkeiten bei dieser Technik?

Man muss ein Gefühl dafür entwickeln, was das angemessene Tempo ist, mit dem man die Dose führt, den Abstand zwischen Dose und Maluntergrund austarieren, den Druck bemessen, den man auf den Sprühaufsatz ausübt. Auch der Zustand der jeweiligen Dose und des Sprühaufsatzes ist wichtig. Ohne Kontrolle über die Dose geht gar nichts.

Hat das mit dem Sprayen einen autobiografischen Hintergrund?

Ich habe mit 12 Jahren mit Graffiti-Writing begonnen, daher liegt das Medium nahe. Damals waren es ausschließlich Buchstaben, und die Sprühdosen waren noch ganz andere. Vieles von dem, was ich heute mache, wäre damals schwieriger gewesen, es war insgesamt mehr Druck auf den Dosen, sie reagierten weniger auf Druck auf dem Sprühaufsatz, das Farbsortiment war kleiner und die Deckkraft ließ oft zu wünschen übrig. Bisher habe ich vor allem Bilder auf Wände gesprüht, während ich für Bücher, Zeitschriften und Zeitungen auf Papier gezeichnet habe. Dies hier ist das erste Mal, dass ich mit Sprühlack auf Leinwand für eine Buchillustration gearbeitet habe.

Du lehrst ja auch hier in Berlin. Was versuchst du, deinen Studierenden weiterzugeben: deine Technik oder eher etwas anderes ?

Ich vermittle eher Basistechniken des figurativen Zeichnens als das, was ich selbst künstlerisch mache. Schließlich können die Studenten auf einem guten Fundament ja etwas Eigenes entwickeln. Zum Kopieren anleiten bringt es nicht. Wenn man einen Zeichensaal betritt und jede Arbeit sieht aus wie die des Lehrenden, ist Skepsis erlaubt.

Du suchst dir für deine Arbeiten oft historische Themen oder Porträts von historischen Gestalten aus. Was interessiert dich daran?

Ich denke, dass ich zur Vergangenheit einen größeren emotionalen Abstand habe und befreiter arbeiten kann. Die Gegenwart ist zudem kaum verständlich, bevor man wenigstens etwa von der Vergangenheit begriffen hat. Die Phase der Recherche macht mir immer sehr viel Spaß.

Und New York im 19. Jahrhundert, wieso hat dich das so besonders interessiert?

Als ich in New York lebte, hatte immer alles schnell zu gehen und effektiv und effizient zu sein, so empfand ich es zu zumindest. Irgendwie blieb die Vergangenheit dabei außen vor, Leute schienen sich wenig für die Herkunftsländer ihrer Familien zu interessieren, generell schien die Vergangenheit nur eine geringe Rolle zu spielen. Dann wurde ich durch meinen damaligen Professor Riccardo Vecchio auf das Buch *Low Life* von Luc Sante gestoßen, und mein Interesse am New York des 19. Jahrhunderts war geweckt. So anders war New York einmal gewesen! Die Aufstände gegen den Wehrdienst für die Nordstaaten, eine tief gespaltene Gesellschaft. Ich war doch sonst aus Amerika eher eine patriotische Art der Geschichtsschreibung gewohnt.

Meinst du, wir können irgendwelche Lehren ziehen aus den Ereignissen, die du in deinem Buch beschreibst?

Etwas Pädagogisches, meinst du? Nun ja, eigentlich erzählt das Buch vor allem davon, was passiert, wenn die soziale Schere zwischen Arm und Reich weit auseinanderklafft, wenn staatliche Institutionen, Justiz, Polizei und Politik fast ausschließlich die Interessen der Wohlhabenden vertreten. Auch wenn marginalisierte Gruppen meinen, ihren Status verbessern zu können, indem sie sich über noch Schwächere erheben. Immer wenn neue Migranten in New Yorks Hafen ankamen, stand schon die zuvor angekommene Gruppe bereit und beharrte auf ihren älteren Rechten. In New York begegneten Flüchtlinge gröbsten Vorurteilen und Gewalt, und Ausbeutung und Gewinnmaximierung fanden auf dem Rücken der ärmsten Schlucker statt. Der „300 Dollar Exemption Cause", mit dem sich betuchte New Yorker von der Wehrpflicht freikaufen konnten, war da nur die Spitze des Eisberges. Letztendlich haben sich dennoch die vielen Gruppen in New York allen Widerständen zum Trotz einen Platz gesichert und es zu der florierenden Stadt gemacht, die sie heute ist.

Wenn man an die heutige Flüchtlingskrise denkt, wenn man es überhaupt so nennen will, wäre ein wenig mehr Gelassenheit und integrative Arbeit sicherlich angebracht.

Felix Gephart, Jahrgang 1976, hat in Dortmund Design studiert und an der School of Visual Arts in New York Illustration. Seitdem zeichnet er für Zeitungen und Zeitschriften und illustriert Bücher. *Wicked New York* ist das erste Buch, das er auch selbst verfasst hat.

Literatur

Kenneth D. Ackerman, *Boss Tweed. The Corrupt Pol Who Conceived the Soul of Modern New York*, 2011

Alexander Alland Sr., *Jacob A. Riis, Photographer and Citizen*, 1973

Herbert Asbury, *The Gangs of New York. An Informal History of the Underworld*, New York 1927 (deutsch: *Die Gangs von New York. Eine Geschichte der Unterwelt*, München 2001)

Herbert Asbury, *Sucker's Progress. An Informal History of Gambling in America*, 1938

P. T. Barnum, *Struggles and Triumphs. Or, Forty Years´ Recollections of P. T. Barnum*, 1870

Iver Bernstein, *The New York City Draft Riots. Their Signifcance for American Society and Politics in the Age of the Civil War*, 1991

Peter Megargee Brown, *Riot of The Century. The New York City Draft Riots of July 1863*, 1998

Edwin G. Burrows und Mike Wallace, *Gotham. A History of New York City to 1898*, 1999

Thomas Byrnes, *1886 Professional Criminals of America*, 1969

Alexander B. Callow, Jr., *The Tweed Ring*, 1981

Stephen Crane, *Maggie: A Girl of the Streets*, 1896

J. North Conway, *Queen of Thieves. The True Story of „Marm" Mandelbaum and Her Gangs of New York*, 2014

Adrian Cook, *Armies of the Streets. The New York City Draft Riots of 1863*, 1974

Charles Dickens, *American Notes*, 1842 (deutsch: *Aufzeichnungen aus Amerika*)

Geo Epoche, Heft Nr. 33, 2008: *New York 1625–1945. Die Metropole der Moderne*

Edward van Every, *Sins of New York, As exposed by the Police Gazette*, 1930

Peter Quinn, *The Banished Children of Eve. A Novel of Civil War New York*, 2008

Jacob Riis, *How the Other Half Lives. Studies Among the Tenements of New York*, 1890

Charles River Editors, *The Five Points: The History of New York City's most Notorious Neighborhood*, 2015

Luc Sante, *Low Life: Lures an Snares of Old New York*, 1991

Barnet Schecter, *The Devil's Own Work: The Civil War Draft Riots and The Fight to Reconstruct America*, 2005

John Straussbaugh, *City of Sedition. The History of New York City During the Civil War*, 2017

The Children Aid Society, *New York Street Kids*, 1978

Joel Tyler Headley, *The Great Riots of New York: 1712–1873*, 1970

Annette Witheridge, *New York Then and Now*, 2000

Roger Whitehouse, *New York Sunshine and Shadow. A photographic record of the city and its people from 1850 to 1915*, 1974

Ein verlagsneues Buch kostet in ganz Deutschland und Österreich jeweils dasselbe. Das liegt an der gesetzlichen Buchpreisbindung, die dafür sorgt, dass die kulturelle Vielfalt erhalten und für die Leser bezahlbar bleibt. Also: Egal ob im Internet, in der Großbuchhandlung, beim lokalen Buchhändler, im Dorf oder in der Stadt – überall bekommen Sie Ihre verlagsneuen Bücher zum selben Preis.

Repro-Fotos: Markus Esser

ISBN 978-3-946593-96-6

Printed in Slovakia

Low life S. 253: The „Know nothings".

the most prominent rightwing organization, secret pro fascist societies and anti-Irish democrats,
professed ignorance on all topics when questioned by outsiders.

Auf jeden Fall mit Anti-Fahnen.

Anti-Romanism, Anti-Bedinism, Anti-Papistalism, Anti-Nunneryism, Anti-Winking Vir...
Anti-Jesuitism

Seed Vorlage...

reformer politics Order,
professional criminals of Amerika...
Street life for background → S. 106 II
street kids!

→ Wahlwerbung 1900 recherchieren.

← The "KNOW NOTHINGS"

reformer in politics Order

junge, schlanke Boweryboy,
kräftige, schlanke Bowery,

Schlank...
dick,
breit, ...
Bäuchlein
jung, alt
Snobbis...

S. 154: Gangs of New York, das Wied-finde[n] dem draft
größt luxusgegenständ in d finstest Absteig nach riots.
Wied-finde in Five Points, Bowery, slum districts along Hudson and East Rivers, gefund in cellars garrets
Vorlage eventuell aus Jacob Riis:

oder: Das Davontrag des Diebesguts üb Däche:

reference: Jacob Riis S.53 | Möbel: Kostümgeschicht Königshäuser | Himmel: fires & draft

: mahagony and rosewood chairs with brocade ( ) upholstering, marble top tables and stands, costly pain
and hundreds of delicate and valuable mantel ornaments daily found in low hovels
( )
and the important battles of the Revolution and the Civil War.
ls much casualties at draft riots as at the important battles of the Revolution and the Civil War.

thousands had formed the mobs, only 20 men went to jail,
total of 2000 killed people, mostly the vast majority rioters
exodus of thousands of citizens. conservative estimates;

kostb. Sessel

Low Key!

Fotosessions: ~~Merken~~, Schi
~~...~~ ich bin mit Stali

Sessel

Bilder: Sargent oder Gotham, S.58

Stühle, Inventar: Geo, Gotham comes of Age S.

fires: Ordnung S. 35

Feuer als Lichtquelle

Möbel: Ko

auf d Dach wird ein Cop geschlagen...